HideOuts

Cabins·Shacks·Barns·Sheds

© 2022 Instituto Monsa de ediciones.

First edition in April 2022 by Monsa Publications,
Carrer Gravina 43 (08930) Sant Adrià de Besós.
Barcelona (Spain)
T +34 93 381 00 50
www.monsa.com monsa@monsa.com

Editor and Project director Anna Minguet
Art director, layout and cover design Eva Minguet
Layout Marc Giménez (Monsa Publications)
Printed by Cachiman Grafics

Shop online:
www.monsashop.com

Follow us!
Instagram: @monsapublications

ISBN: 978-84-17557-50-8
D.L. B 6012-2022

HideOuts

Cabins·Shacks·Barns·Sheds

monsa

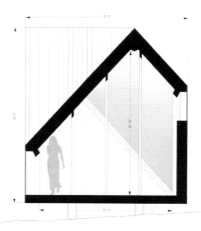

Intro

The idea of an environmentally respectful house is appealing to more and more people. In the last decade, architects from all over the world have been especially interested in the possibilities of an innovative home in a natural environment, with ecological solutions and a low impact on the environment.

Cabins in the woods and rural environments have evolved to such a degree that they have become nothing short of a benchmark in the latest trends in sustainable architecture. They are original, alternative, artistic, creative, etc. We could go on and still fall short of describing this new half-urban half-rural housing concept. Who hasn't ever daydreamed about leaving life in the city and settling to live in a cabin in the woods? It's a very attractive idea but quite hard to achieve in real life. However, enjoying a few days of remote relaxation in contact with nature is no doubt always a good idea.

The philosophy that drives this type of buildings is to achieve a smart, compact design where spaces are open and shared, connected with each other and with the environment. As can be noted, the main construction material used is still wood, although sometimes iron and steel are used – at times treated to look old. They also often feature large windows so people can enjoy the beautiful views.

La idea de una vivienda respetuosa con el medio ambiente cada vez seduce a más gente. En la última década, los arquitectos de todo el mundo se han interesado especialmente por las posibilidades de una vivienda original, en un entorno natural, con soluciones ecológicas y con bajo impacto medioambiental.

Las cabañas en los bosques y entornos rurales han evolucionado de tal manera que se han convertido en todo un referente en las últimas tendencias en arquitectura sostenible, son originales, alternativas, artísticas, creativas… y así podríamos seguir describiendo este nuevo concepto de vivienda entre lo urbano y lo rural. Cualquier persona ha valorado alguna vez el poder abandonar la vida urbana, e instalarse a vivir en una cabaña en el bosque, idea muy atractiva pero bastante difícil de conseguir, aunque lo que sí es seguro, es que podemos disfrutar de ellas durante unos días de descanso en contacto con la naturaleza.

La filosofía que impulsa a este tipo de construcciones es la de conseguir un diseño inteligente y compacto, en el que los espacios son abiertos y compartidos, conectados entre sí y con el entorno. Se puede observar que el material principal de construcción utilizado continúa siendo la madera, aunque se utiliza también el hierro o el acero, en ocasiones tratados para obtener un aspecto envejecido. También suelen tener grandes ventanales, para poder disfrutar de las preciosas vistas.

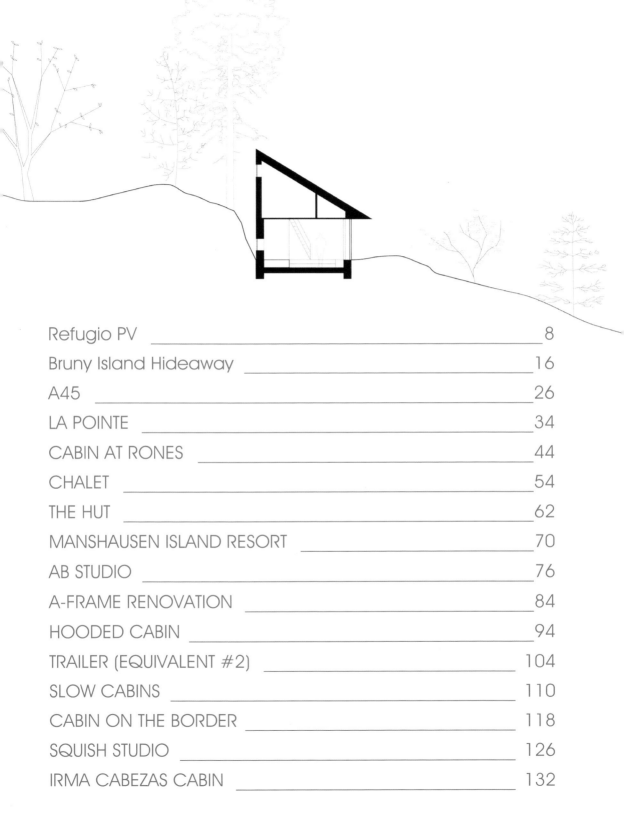

REFUGIO PV

Lorena Troncoso-Valencia
Location: Las Trancas, Pinto, Chile
Photos © Cristóbal Caro

The project offers a temporary shelter for a young pair of climbers or rock sport lovers. The main restriction was the limited surface, but the user's physical ability enables the surface to vertically increase, expanding the space to double the height. Programmatically, the cabin is fitted with the basic and essential needs to inhabit for short periods, considering the minimum space to sleep, eat, tidy up and allow extra room for visitors. The refuge is located in Las Trancas, Pinto, in the south central zone of Chile. The town is known for its mountain range landscape that hosts a high variety of extreme sports.

The exterior of the cabin is smooth and shell like (walls and roof), and is built on a rock pediment. The same material has been used on the main façade of the cabin, replicating the verticality of the rock wall, and the asymmetric break of the roof allows the correct drainage of snow. Internally, more space is generated by the floating platform above the only enclosed part of the cabin.

La obra consiste en un refugio temporal, para una joven pareja de escaladores, amantes del deporte en roca. La principal restricción era la acotada superficie, pero la habilidad física del usuario permitía aumentar la superficie en sentido vertical, ampliando el espacio con una doble altura. Programáticamente se dio cabida a las acciones básicas y esenciales para habitar por cortos plazos, considerando el espacio mínimo para dormir, comer, asearse y permitir cabida extra a usuarios itinerantes. El refugio se ubica en Las Trancas, Pinto, en la zona centro sur de Chile. La localidad destaca por su paisaje cordillerano que acoge una alta variedad de deportes extremos.

Se plantea la idea de una cáscara uniforme (muro y cubierta) que envuelve un frontón retraído, jugando con el lleno de madera y vacío acristalado. Este lleno en la fachada principal, replica la verticalidad del muro de roca que se observa en el fondo del terreno. El quiebre asimétrico del tejado permite el correcto escurrimiento de la nieve. Interiormente genera mayor amplitud para el altillo que flota sobre el único volumen cerrado.

There is an open area on the ground floor arranged for cooking, eating, a log fire and a desk for working. Above the kitchen and bathroom is a mezzanine level, which protrudes on one end to accommodate a sleeping area, and generates more living space.
To introduce the sense of space in a small area, the floor, ceiling and walls are made from the same material.

Espacialmente se identifica un espacio abierto, en la planta baja se organizan las zonas para cocinar, comer, calentarse y trabajar. Sobre la línea de la cocina y el baño, unidos a través de una pequeña escalera vertical, se sitúa una plataforma flotante que en cierta parte sobresale, para acoger el área de dormitorios.
Para evitar saturar el pequeño espacio, el suelo, techo y pared son revestidos del mismo material.

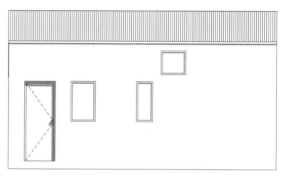

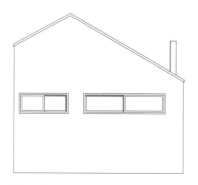

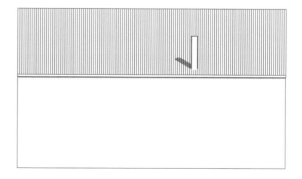

Elevations

14

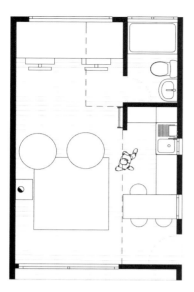
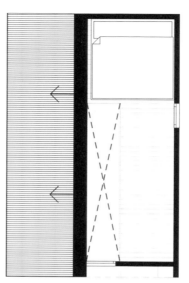
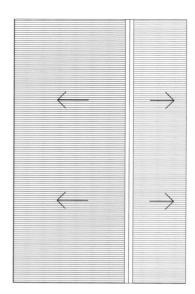

Floor plans

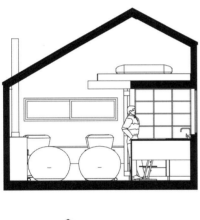

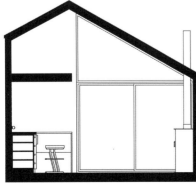

Sections

BRUNY ISLAND HIDEAWAY

Maguire + Devine Architects
Location: Bruny Island, Tasmania, Australia
Photos © Rob Maver

Tucked away in a clearing surrounded by ninety-nine acres of forest, this finely crafted cabin provides shelter for some time off the grid in both a literal and metaphorical sense, exploring the essence of retreat and re-connection to nature. The owner's desire to build small and a childhood spent in traditional Japanese houses set the guidelines for the design of a cabin that reconciles the owner's love of Bruny Island, her culture, and her minimalist ideals.

Escondida en un claro rodeado de noventa y nueve acres de bosque, esta cabaña finamente construida proporciona refugio estacional, permitiendo explorar la esencia del concepto de retiro y de reconexión con la naturaleza. El deseo de la propietaria de construir en escala pequeña casas japonesas tradicionales, marcan las pautas para el diseño de una cabaña que reconcilia el amor de la propietaria por la isla Bruny, su cultura y sus ideales minimalistas.

In contrast with the rough skin of the cabin,
the interior is made of light-colored timber
that creates a warm, cozy sense of enclosure,
referencing not only Japanese architecture but
also remote wilderness cabins from all over the
world, evoking a sense of distance and escape.

*En contraste con la dura fachada de la cabaña, el interior
está hecho de madera de color claro que crea una
cálida y acogedora sensación de encierro, haciendo
referencia no sólo a la arquitectura japonesa, sino
también a remotas cabañas salvajes de todo el mundo,
evocando una sensación de distancia y escape.*

The multileveled interior creates an interesting spatial experience further enhanced by the generous openings that offer framed views of the surrounding landscape. The cabin experience is not limited by the wall boundaries but it is expanded to the outside. A dialogue is established between interior and exterior, thus satisfying the desire to reconnect with nature.

El interior multinivel crea una experiencia espacial interesante, realzada por las generosas aberturas que ofrecen vistas enmarcadas del paisaje circundante. La experiencia de la cabaña no está limitada por los límites de la pared, sino que se expande hacia el exterior. Se establece un diálogo entre el interior y el exterior, satisfaciendo así el deseo de reconectarse con la naturaleza.

22

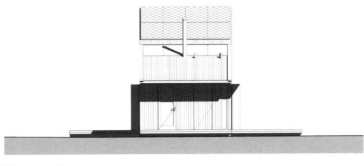

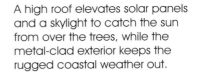

A high roof elevates solar panels and a skylight to catch the sun from over the trees, while the metal-clad exterior keeps the rugged coastal weather out.

Un techo alto eleva los paneles solares y una claraboya para captar la luz solar, mientras que el exterior revestido de metal mantiene el escabroso clima costero.

North elevation

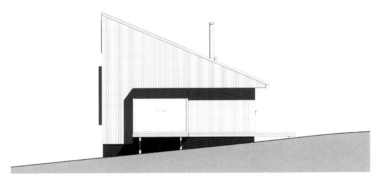

East elevation

South elevation

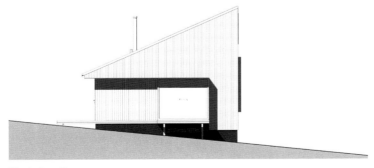

West elevation

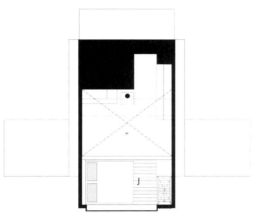

Mezzanine floor plan

The mezzanine floor adds usable square footage to the small cabin. Living small doesn't necessarily mean that there is no room for comfort.

El entresuelo añade superficie útil a la pequeña cabaña. Vivir en espacios pequeños no significa necesariamente renunciar a la comodidad.

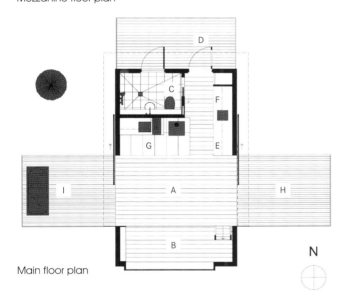

Main floor plan

N

A. Living
B. Daybed
C. Bathroom
D. Entry
E. Study
F. Laundry
G. Kitchen
H. Morning deck
I. Afternoon deck
J. Sleeping loft

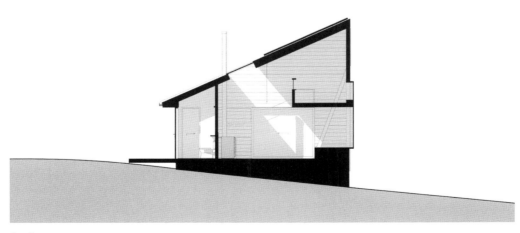

Section

Turning away from tall trees and a dark forest to the north, the cabin addresses long views to the south from a daybed and opens up to east and west decks.

The space restrictions of small areas become unimportant when there is a chance to expand the interior to the exterior and enjoy open-air living to its fullest.

Al alejarse de los árboles altos y de un bosque oscuro al norte, la cabaña ofrece largas vistas al sur desde un sofá cama y se abre hacia las cubiertas este y oeste.

Las restricciones de espacio de las áreas pequeñas se vuelven irrelevantes cuando existe la posibilidad de expandir el interior hacia el exterior y disfrutar al máximo de la vida al aire libre.

A45

Bjarke Ingels Group
Project Leaders: Max Moriyama, Anton Bak (Klein)
Location: New York, USA
Photos: © Matthew Carbone

The NYC-based tiny home company Klein, founded in 2017 by designer Soren Rose, today announced their tiny home concept enlisting award-winning architects globally to re-think small dwellings, starting with the 180 sqft A45 Nordic Edition. Designed by the NYC, London and Copenhagen based architects BIG, the first A45 prototype is constructed in upstate New York and will be customizable inside and out. Future home-owners can purchase, tailor and have the house built within 4-6 months in any location for any purpose, from weekend getaways to a guestroom or a music studio to a creative retreat.

A45 is built entirely on site (is handcrafted of site and assembled in modules on site) and consists of 100% recyclable materials including the timber frame, wall modules, a subfloor and the triangular floor-to-ceiling window featuring seven glass pieces that allow natural daylight to illuminate the interiors. The structure is slightly elevated by four concrete piers to give optimal support and allow homeowners to place their tiny house in even the most remote areas without the use of heavy machinery.

Klein, el estudio con sede en NYC y fundado en 2017 por el diseñador Soren Rose, ha publicado su concepto de microhogar, para el que va a contar con arquitectos de renombre mundial que se encargarán de crear un nuevo concepto de pequeña vivienda, comenzando con la versión nórdica de la casa A45, de 17 m². La firma BIG, con oficinas en Nueva York, Londres y Copenhague, ha construido su primer prototipo de la casa A45 en Nueva York, que podrá personalizarse por dentro y por fuera. Los futuros propietarios podrán comprar, adaptar y tener la casa construida en un plazo de 4 a 6 meses, en cualquier ubicación y para cualquier propósito: para una escapada de fin de semana, como habitación de invitados, estudio de música o casa de retiro artístico.

A45 se levanta a partir de módulos ensamblados en el terreno y está fabricada con materiales 100% reciclables, que incluyen la estructura de madera, los módulos de paredes, un subsuelo y una ventana triangular de suelo a techo que está compuesta por siete piezas de vidrio que permiten que la luz natural penetre en el interior. El volumen se eleva ligeramente sobre cuatro pilares de hormigón que brindan un soporte óptimo y permiten a los propietarios colocar su pequeña casa incluso en las áreas más remotas sin tener que recurrir a maquinaria pesada.

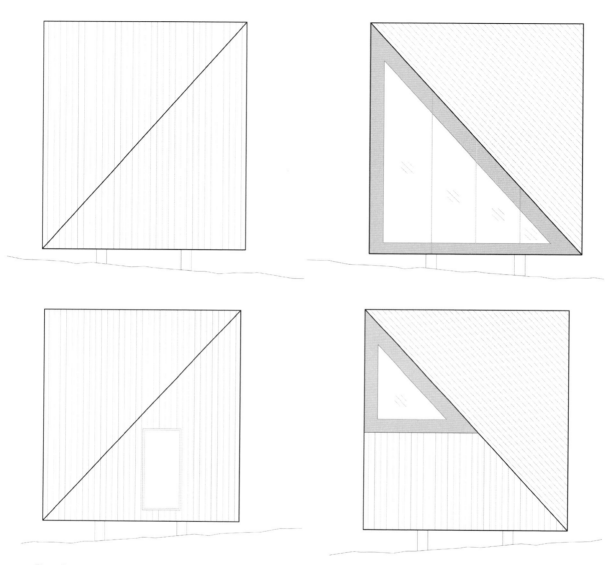

Elevations

BIG's design evolves from the traditional A-frame cabin, known for its pitched roof and angled walls which allow for easy rain run-off and simple construction. To maximize the qualities of this classic structure, A45 creates more usable floor area by rotating the classic A-frame structure 45 degrees so the lower part of the house only touches on two corners, maximizing the wall height to 13 ft inside.

El diseño evoluciona desde la tradicional cabaña en forma de A, conocida por su techo inclinado y paredes en ángulo que permiten un fácil desagüe de la lluvia y una construcción sencilla. Para sacar el máximo partido de las cualidades de esta clásica estructura, en la A45 se crea una mayor área de suelo utilizable al recurrir a una base cuadrada y girar el techo 45 grados, consiguiendo así una altura de hasta casi 4 metros.

A45 becomes a more spacious version of the original A-frame and ends up having an interesting volume - from certain angles it looks like a cube and from other angles it looks like a spire.

La A45 se convierte en una versión más espaciosa de la forma en A original y adopta un interesante diseño: desde ciertos ángulos, se ve como un cubo, y desde otros ángulos parece una aguja.

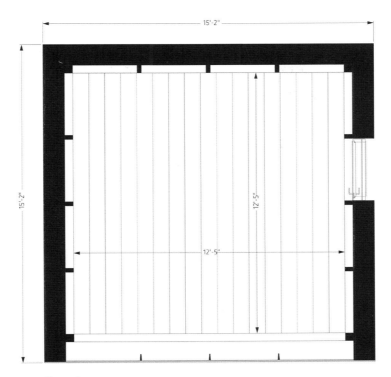

Floor plan

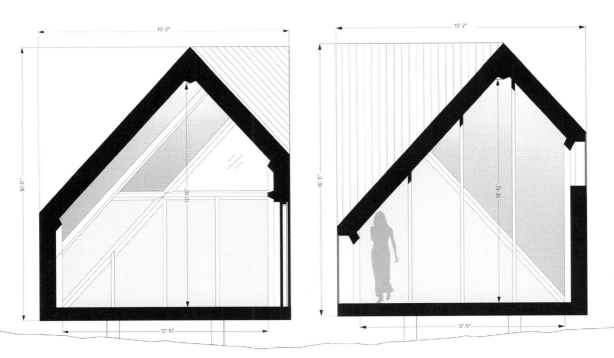

Sections

LA POINTE

Atelier l'Abri
Location: Poisson Blanc Regional Park, Quebec, Canada
Photos: © Ronny Lebrun and Jack Jérôme

La Pointe is a small shelter that is part of the Poisson Blanc Regional Park's accommodations. Surrounded by towering pines, it is ten minutes by foot on a trail from the visitors center. Its triangular geometry offers an interpretation of the legendary A-frame popularized in North America during the 1950s. It is a simple yet sculptural structure with steel roofing and cedar board-and-batten siding that provides functional and nature-oriented spaces. The shelter, which was built on-site by Atelier L'Abri's construction team, was designed to be off-the-grid, capable of hosting two to four guests. Leaning against the main volume, the covered terrace is the ideal place to enjoy the outdoors when the weather allows it.

La Pointe es un pequeño refugio que forma parte de los alojamientos del Parque Regional del Poisson Blanc. Rodeado de imponentes pinos, se encuentra a diez minutos a pie por un sendero desde el centro de visitantes. Su geometría triangular ofrece una interpretación del legendario bastidor en A popularizado en Norteamérica durante la década de 1950. Es una estructura sencilla pero escultórica con techo de acero y revestimiento de madera de cedro que proporciona espacios funcionales y orientados a la naturaleza. El refugio, que fue construido in situ por el equipo de construcción del Atelier L'Abri, fue diseñado para ser autónomo, capaz de albergar de dos a cuatro huéspedes. Apoyada en el volumen principal, la terraza cubierta es el lugar ideal para disfrutar del aire libre cuando el tiempo lo permite.

38

Elevation 1

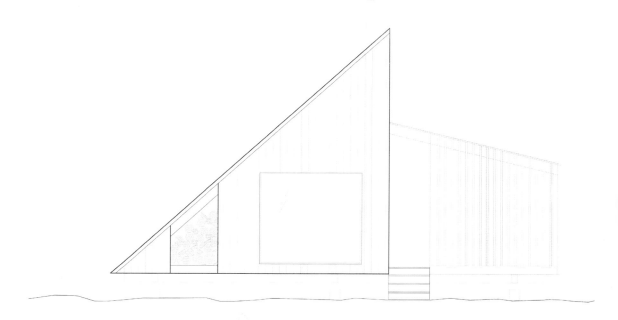

Elevation 2

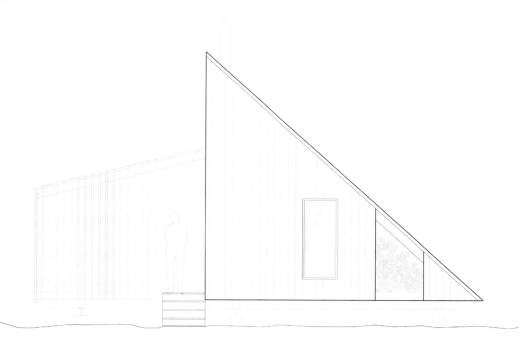

The peculiarities of A-frame construction conditions the use of interior spaces, forcing creative solutions to optimize the use of space and take advantage of awkward corners rather than leave them as unusable spaces.

Las peculiaridades de la construcción en forma de A condicionan el uso de los espacios interiores, forzando soluciones creativas para optimizar el uso del espacio y aprovechar las esquinas incómodas en lugar de dejarlas como espacios inutilizables.

Scale model

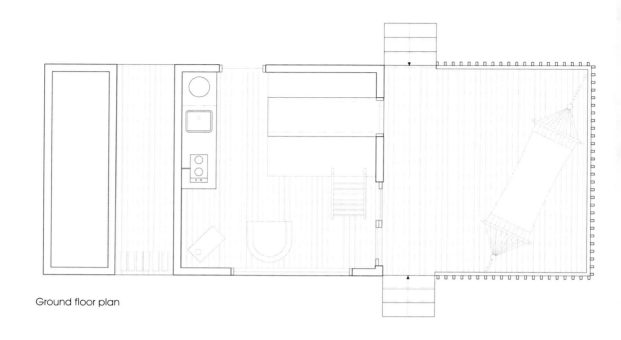

Ground floor plan

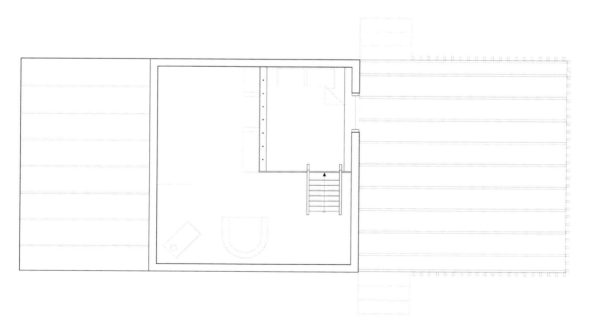

Mezzanine floor plan

The interior is minimal and bathed in natural light with a large window offering uninterrupted views of the forest. A kitchenette, a table that can be turned into an extra bed, and a sleeping loft provide necessary amenities for a short stay in the wilderness.

El interior es mínimo y está bañado de luz natural con un gran ventanal que ofrece vistas ininterrumpidas del bosque. Una pequeña cocina, una mesa que se puede convertir en cama extra y un desván para dormir proporcionan las comodidades necesarias para una corta estancia en la naturaleza.

CABIN AT RONES

Sanden + Hodnekvam
Location: Rones, Norway
Photos: © Sanden + Hodnekvam

The small cabin is sited on rugged and steep terrain with views over a spectacular fjord. Its compact footprint keeps to a minimum the environmental impact, yet the cabin offers maximum comfort, ensuring a pleasant nature experience. Taking the site itself as inspiration, the cabin's design stands out for its geometric clarity: A rectangular box topped by a triangular prism. The back wall facing the hillside and the side walls are made of concrete, offering protection against the harsh weather conditions of the region. In contrast, the front wall of the cabin is all glass, offering unobstructed views and taking in abundant natural light. The triangular prism is made of cross-laminated timber clad in black roofing felt, referencing vernacular buildings.

La pequeña cabaña está situada en un terreno escarpado con vistas a un espectacular fiordo. Su diseño compacto reduce al mínimo el impacto ambiental, ofreciendo el máximo confort y garantizando una experiencia agradable en la naturaleza. Tomando como inspiración el propio lugar, el diseño de la cabaña destaca por su claridad geométrica: una caja rectangular rematada por un prisma triangular. La pared trasera que da a la ladera y las paredes laterales están hechas de hormigón, ofreciendo protección contra las duras condiciones climáticas de la región. Por el contrario, la pared frontal es totalmente acristalada, ofreciendo unas vistas sin obstáculos y disfrutando de abundante luz natural. El prisma triangular está hecho de madera laminada en cruz y revestida con fieltro negro para techos, haciendo referencia a los edificios vernáculos.

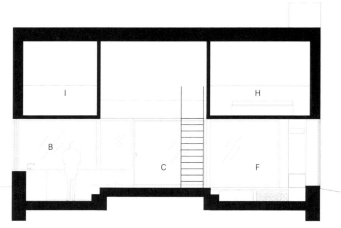

Longitudinal section

A. Entry
B. Kitchen
C. Dining area
D. Built-in cabinets
E. Sofa bed
F. Living room
G. Fireplace
H. Bedroom
I. Bathroom
J. Small loft
K. Open to below

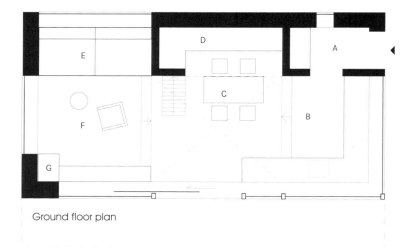

Ground floor plan

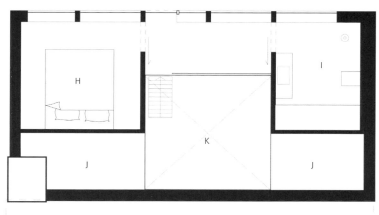

Second floor plan

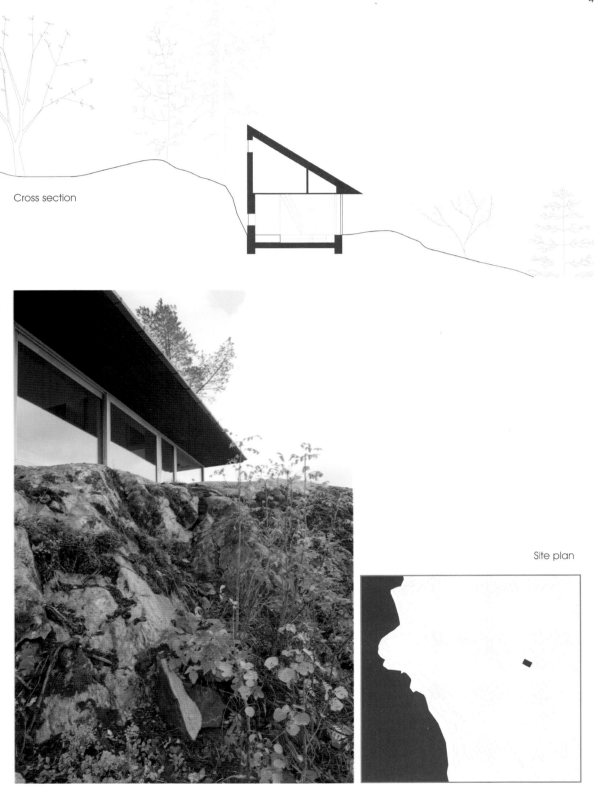

Cross section

Site plan

The ground floor is organized on two levels adapting to the terrain. This allows for a clear delimitation of areas without the need for partitions, creating an open feel despite the small dimensions.

La planta baja está organizada en dos niveles que se adaptan al terreno. Esto permite una delimitación clara de las áreas sin necesidad de tabiques, creando una sensación de apertura a pesar de las pequeñas dimensiones.

The simple materials palette creates a strong connection with the land and roots the building to its place.

The design of the cabinetry, made of birch plywood, is in keeping with the simple aesthetic of the cabin, which is equipped with no more than the most essential commodities.

La sencilla selección de materiales crea una fuerte conexión con el entorno y arraiga el edificio en su terreno.

El diseño de los armarios, realizados en madera contrachapada de abedul, está en consonancia con la estética sencilla de la cabaña, que está equipada con sólo las comodidades más esenciales.

Multi-level spaces that adapt to the topography, floors that extend to the outdoors, floor-to-ceiling windows, and materials that mimic the colors of the natural surroundings are design gestures that enhance the architecture-nature symbiosis. A combination of concrete and Norwegian pine surfaces gives form to simple interiors, drawing attention on spatial quality, shelter, and the great outdoors.

Espacios de varios niveles que se adaptan a la topografía, suelos que se extienden hacia el exterior, ventanas de suelo a techo y materiales que imitan los colores del entorno natural; gestos de diseño que realzan la simbiosis arquitectura-naturaleza. Una combinación de superficies de hormigón y pino noruego da forma a interiores sencillos, llamando la atención sobre la calidad espacial, la vivienda y los grandes espacios exteriores.

CHALET

Y100 Ateliér
Location: Donovaly, Slovakia
Photos: © Miro Pochyba and Pavol Stofan

The remodel of an existing mountain cabin highlights the spirit of the place at the edge of a densely forested area, taking into account the environmental factors that anchor the building to its natural context. ChAlet was originally built in the 70s and was being used for occasional stays. With time, it had fallen into disrepair. While the option of tearing it down and rebuilding it was first considered, the owners finally decided to restore it to its original charm. Changes focused on improving comfort and functionality, while the cabin's iconic A-frame was maintained. The sensible modifications contribute to the preservation of an architectural expression linked to the particularities of the site.

La remodelación de una cabaña de montaña existente pone de relieve el espíritu del lugar al borde de una zona densamente arbolada, teniendo en cuenta los factores ambientales que anclan el edificio a su contexto natural. ChAlet fue construido originalmente en los años 70 y se utilizaba para estancias ocasionales. Con el tiempo, se había deteriorado. Si bien la opción de derribarlo y reconstruirlo fue considerada en primer lugar, los propietarios finalmente decidieron restaurarlo, respetando su encanto original. Los cambios se centraron en mejorar el confort y la funcionalidad, mientras que la emblemática estructura en A de la cabaña se mantuvo. Las sensibles modificaciones contribuyen a la preservación de una expresión arquitectónica ligada a las particularidades del lugar.

Elevation

OSB is more efficient than plywood to produce. For its production, farmed trees are used instead of forest-grown. They are both, however, manufactured with PF resins, which emit low levels of formaldehyde. Successful cabin designs celebrate the spirit of the place where they stand, incorporating elements that are real, such as construction materials, and conceptual, such as the cultural heritage of the place through style.

El OSB es más eficiente que el contrachapado. Para su producción se utilizan árboles cultivados en el bosque. Sin embargo, ambos se fabrican con resinas PF, que emiten bajos niveles de formaldehído. Los diseños exitosos de cabañas celebran el espíritu del lugar donde se encuentran, incorporando elementos que son reales, como los materiales de construcción, y conceptuales y como el patrimonio cultural del lugar a través del estilo.

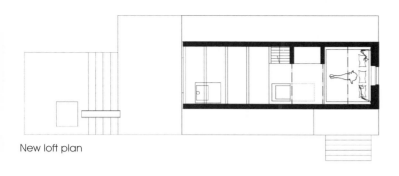

New loft plan

The ground floor plan was opened up to create a flexible space and to maximize daylighting and views. The structure, roofing, and staircase were restored. The most expressive element of the remodel is the glass front wall with an eye-catching glass door and bright green frame. In fornt of the cabin, a generous two-level deck with a playground, sandpit, slide, climbing wall, and sitting area connects the chAlet with the surrounding forest.

New ground floor plan

La planta baja se abrió para crear un espacio flexible y maximizar la luz natural y las vistas. La estructura, el techo y la escalera fueron restaurados. El elemento más expresivo de la remodelación es la pared frontal de cristal con una llamativa puerta de vidrio y un marco de color verde brillante. En el frente de la cabaña, una generosa cubierta de dos niveles con un patio de recreo, arenero, tobogán, pared de escalada y área para sentarse conecta el chAlet con el bosque circundante.

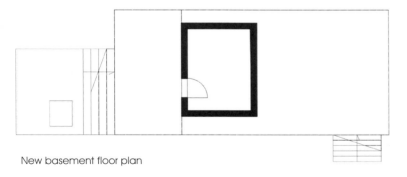

New basement floor plan

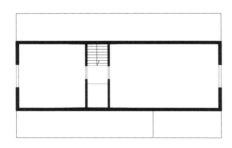

Original second floor plan

Original ground floor plan

OSB is an engineered wood panel similar to plywood when it comes to strength and performance qualities. OSB's combination of wood and adhesives creates a strong, dimensionally stable surface that resists deformation and deterioration mainly due to moisture.

El OSB es un tablero de madera de ingeniería similar al contrachapado en cuanto a resistencia y rendimiento. La combinación de madera y adhesivos de OSB crea una superficie fuerte y dimensionalmente estable que resiste la deformación y el deterioro debido principalmente a la humedad.

THE HUT

Midland Architecture
Location: Belmont County, Ohio, United States
Photos: © Lexi Ribar

The project site has a working cattle farm, which the family purchased in 1981. It was originally part of a strip mine, and through their stewardship, has been reclaimed by forest, grasslands, and lakes. The Hut sits amongst trees, atop a high bank overlooking a lake. Its design was inspired by the Scandinavian concept of hygge, which can be described as a feeling of cozy contentment and wellbeing through the enjoyment of simple things in life. A build team comprised of family and friends constructed the cabin. Heavily influenced by aspects of farming, they used building techniques born out of tradition and logic, with simple materials used economically.

El entorno del proyecto incluye una granja ganadera en funcionamiento, que la familia compró en 1981. Originalmente era parte de una mina exterior, y a través de su administración, ha sido regenerada como bosque, pradera y lagos. La cabaña se asienta entre los árboles, en lo alto de una alta orilla con vistas a un lago. Su diseño se inspira en el concepto escandinavo, que puede describirse como un sentimiento de satisfacción y bienestar acogedor a través del disfrute de las cosas sencillas de la vida. Un equipo de construcción compuesto por familiares y amigos construyó la cabaña. Fuertemente influenciados por aspectos de la agricultura, utilizaron técnicas de construcción nacidas de la tradición y la lógica, con materiales sencillos y económicos.

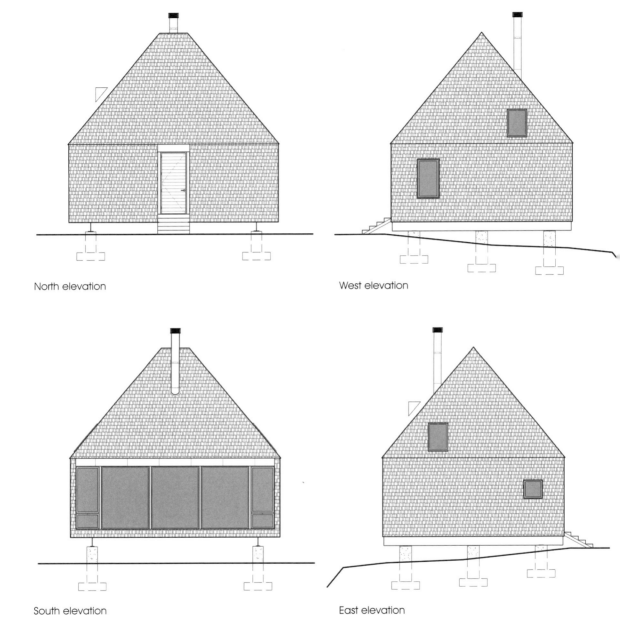

North elevation

West elevation

South elevation

East elevation

Country and crafts styles among others are generally the most suitable styles for cottage and cabin interiors in keeping with an organic architecture that engages with a natural setting. The overall design for the retreat demonstrates an emphasis on craft, in a style that the builders of The Hut like to call Country minimalism.

Los estilos rústicos y artesanales, entre otros, son generalmente los más adecuados para interiores de casas de campo y cabañas, en consonancia con una arquitectura orgánica que se adapta a un entorno natural. El diseño general del retiro demuestra un énfasis en la artesanía, en un estilo que los constructores de The Hut llaman "minimalismo country".

Designed for peace of mind, the outside setting is brought in through a wide expanse of floor-to-ceiling windows. The simple interiors feature bleached Eastern pine floors and white painted wall paneling. The pared-back aesthetic allows the outside landscape to be ever more present in the interior. Contemporary and cozy can coexist. Combine clean lines with organic elements to achieve an atmosphere that is unpretentious yet elegant and attuned to nature.

Diseñado para su tranquilidad, el entorno exterior se introduce a través de una amplia extensión de ventanas colocadas de suelo a techo. Los sencillos interiores presentan suelos de pino oriental blanqueado y paneles de pared pintados de blanco. La estética de la pared trasera permite que el paisaje exterior esté cada vez más presente.Lo contemporáneo y lo acogedor pueden coexistir. Combina líneas limpias con elementos orgánicos para lograr una atmósfera sin pretensiones pero elegante y en sintonía con la naturaleza.

Responding to the principles of sustainability, the cabin sits on a simple foundation of concrete piers to minimize its environmental impact. It runs off solar power and collected rainwater, satisfying the desire for an off-grid retreat.

Respondiendo a los principios de sostenibilidad, la cabaña se asienta sobre una sencilla base de pilares de hormigón para minimizar su impacto ambiental. Recoge agua de lluvia, satisfaciendo el deseo de un retiro off-grid.

MANSHAUSEN ISLAND RESORT

Snorre Stinessen
Location: Steigen Archipelago, Norway
Photos © Steve King

Manshausen Island is situated in the Steigen Archipelago off the coast
of Northern Norway.
The resort was planned and laid out in consideraton of the Island´s
topography and the two main existing structures – the old farmhouse
and the stone quays. The old farmhouse has been carefully restored
and houses a common dining area and library.
The cabins are all but one placed on the stonequays, partially
cantilivered above the sea, one placed on a natural shelf on the
rocky formations above. The positioning and orientation of all the
cabins is based on the consideration of their individual panoramic
views and privacy for the guests.

*La isla de Manshausen se encuentra en el archipiélago Steigen, fren-
te a la costa norte de Noruega.
El diseño y la distribución del resort se llevaron a cabo teniendo en
cuenta la topografía de la isla y las dos principales estructuras exis-
tentes: la antigua casa de labranza y los embarcaderos de piedra.
La antigua casa de labranza ha sido cuidadosamente restaurada y
alberga un comedor y una biblioteca comunes.
Todas las cabañas, salvo una, están situadas sobre los embarcaderos, parcialmente en voladizo sobre el mar. Una se asienta sobre la
plataforma natural que conforma las formaciones rocosas. El posi-
cionamiento y la orientación de todas las cabañas se han realizado
teniendo en cuenta sus respectivas vistas panorámicas, garantizando
la privacidad de los huéspedes.*

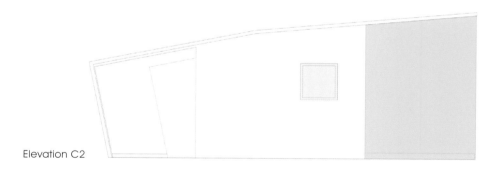

Elevation C2

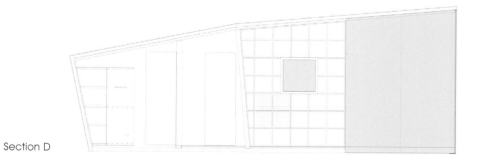

Section D

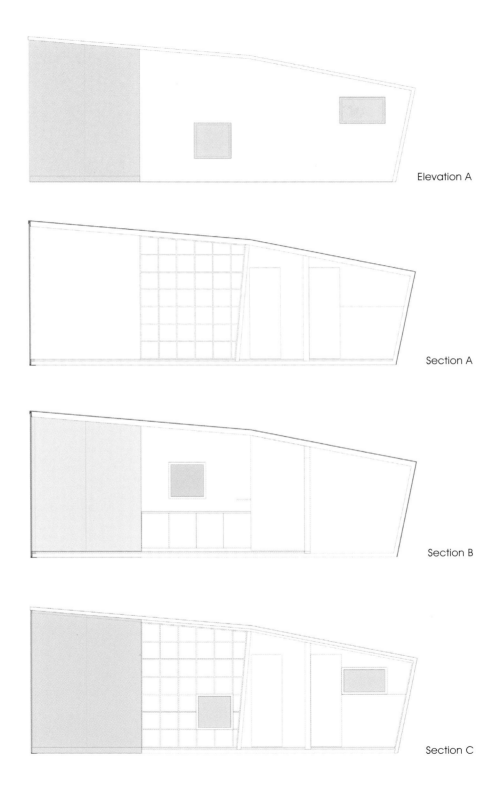

Elevation A

Section A

Section B

Section C

The cabins are designed to offer their guests shelter and comfort while at the same time underlining the dramatic experience of the elements outside; the sea, landscape, changing lights, weather and different seasons. Above all the cabins endeavour to fulfill the functional requirements of the guests, with ample space for luggage and clothing/equipment, a comfortable bathroom and a kitchen/dining area. The main bed is positioned in the main room, slightly withdrawn from the floor to ceiling glasses, to enable the visitor an around the clock experience of the outside elements, while still being comfortably sheltered.

Las cabañas han sido diseñadas para proporcionar resguardo y confort a los huéspedes, poniendo también de relieve la espectacular experiencia que constituyen los elementos exteriores: el mar, el paisaje, el cambio de luz, la meteorología y las distintas estaciones. Sobre todo, las cabañas intentan satisfacer los requisitos funcionales de los huéspedes, con amplio espacio para el equipaje, un cómodo cuarto de baño y una cocina/comedor. La cama principal se encuentra en el dormitorio, ligeramente apartada de las cristaleras, que van desde el suelo hasta el techo, para que el visitante pueda disfrutar durante todo el día de la experiencia de los elementos del exterior a la vez que se encuentra cómodamente resguardado.

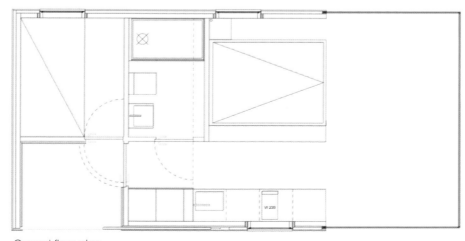

Ground floor plan

AB STUDIO

Copeland Associates Architects
Location: Taihape, New Zealand
Photos: © Copeland Associates Architects

This small cabin was designed to provide a retreat for relaxation and quiet contemplation in harmony with its natural surroundings. It is located on a south-facing slope overlooking the town of Taihape with its layers of hills beyond, stretching to the Ruahine Ranges. Originally, the retreat was to be a studio for art practice and a base from which to explore the landscapes of the Manawatu-Rangitikei region. The brief then extended to require accommodation for occasional gatherings with friends. Locally sourced materials and technologies were implemented into the design of the cabin, limiting carbon footprint, optimizing energy performance, and building economically in this remote site.

Esta pequeña cabaña fue diseñada para proporcionar un retiro de relajación y contemplación en armonía con su entorno. Está situada en una ladera orientada al sur con vistas a la ciudad de Taihape, rodeada de colinas que se extienden hasta la cordillera de Ruahine. Originalmente, el retiro iba a ser un estudio para la práctica del arte y una base desde la cual explorar los paisajes de la región de Manawatu-Rangitikei. El proyecto se amplió para requerir alojamiento para reuniones ocasionales con amigos. Se utilizaron materiales y tecnologías de origen local en el diseño, limitando el impacto del carbono, optimizando el rendimiento energético y construyendo de forma económica.

Causing minimal disturbance to the natural terrain, the cabin's structure consists of prefabricated panels assembled on a grid of supporting timber piles, raised well above the ground. The panels, manufactured from cross-laminated timber, form floors, walls, and roof all exposed and clear finished. Doors, kitchen cabinetry, and laundry benches are made from offcuts of the same material.

La estructura de la cabaña se compone de paneles prefabricados montados sobre una rejilla de pilotes de madera que se elevan muy por encima del suelo. Los paneles, fabricados con madera laminada en forma de cruz, forman niveles, paredes y techos, todos con acabado transparente y a la vista. Las puertas, mobiliario de cocina y bancos de lavandería están hechos de recortes del mismo material.

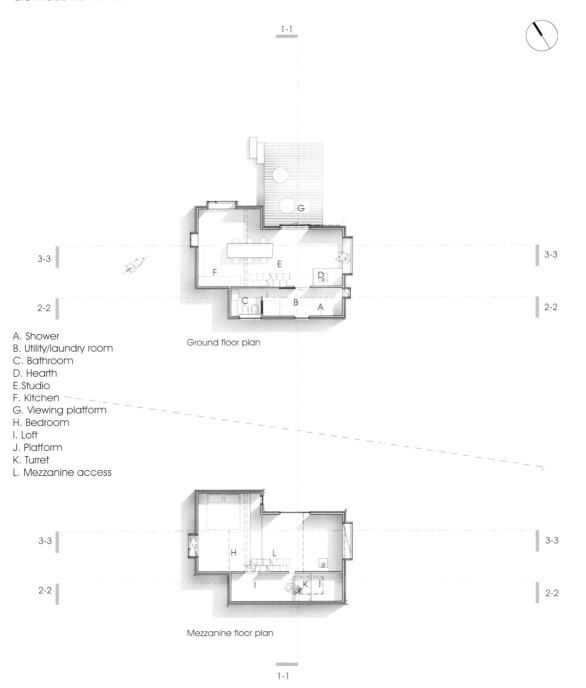

1-1

Ground floor plan

A. Shower
B. Utility/laundry room
C. Bathroom
D. Hearth
E. Studio
F. Kitchen
G. Viewing platform
H. Bedroom
I. Loft
J. Platform
K. Turret
L. Mezzanine access

Mezzanine floor plan

1-1

Pallets, packing fillets, and CLT factory offcuts were all saved to make joinery fittings, including doors, cabinets, and benches. The high thermal mass of the CLT panels, coupled with good external insulation, provides a comfortable interior environment throughout the seasons. Wood, readily available locally, is used for heating.

Los recortes de fábrica de CLT se ahorraron para hacer accesorios de carpintería, incluyendo puertas, mobiliario y bancos. La alta masa térmica de los paneles CLT, junto con un buen aislamiento proporciona un ambiente interior confortable durante toda la temporada. La madera, de origen local, se utiliza para la calefacción.

The use of prefabricated cross-laminated timber panels was led by the desire for a solid, warm enclosure. Another advantage was the ability to build quickly. The precision-made panels were assembled on-site in two days. Followed immediately by fitting the aluminium windows, a weatherproof shell was ready for internal finishing and external cladding in just over a week.

El uso de paneles prefabricados de madera laminada cruzada fue impulsado por el deseo de un cerramiento sólido y cálido. Otra ventaja era la capacidad de construir de forma rápida. Los paneles de precisión se ensamblaron en el lugar en dos días. Inmediatamente después se instalaron ventanas de aluminio y una carcasa resistente a los efectos de la intemperie. El revestimiento exterior se completó en poco más de una semana.

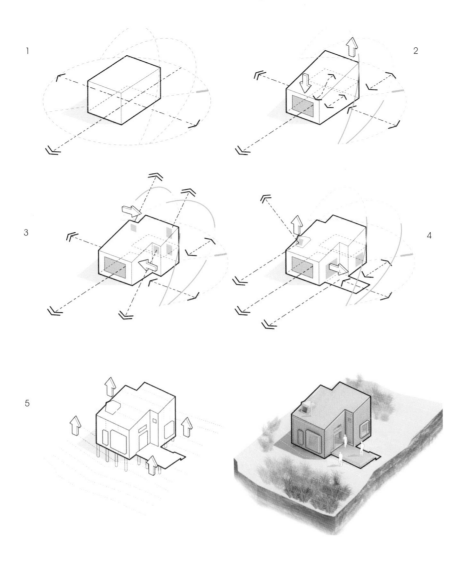

Environmental diagrams

1. Sun, site, and context orientation.
2. Main view shaft, sleep, utility and form modifications to inform internal layout.
3. Pushing and pulling form to maximize daylight gain and opportunities for views.
4. Pulling out the turret to the sky, activating the edges to the surroundings.
5. Elevating from the ground plane to maximize views and pushing views out to activate wall edges.

Diagramas ambientales

1. *Orientación al sol, al lugar y al contexto.*
2. *Eje de vista principal, suspensión, utilidad y modificaciones de forma para integrar la disposición interna.*
3. *Maximizar la ganancia de luz diurna y las oportunidades de las vistas exteriores.*
4. *Sacando la torreta hacia arriba, integrando la estructura al entorno.*
5. *Elevación para maximizar las vistas.*

The number and size of openings can influence the perception of spaces. Openings on various surfaces will make spaces look larger than they actually are, mainly because they allow in great amounts of light.

El número y el tamaño de las aberturas pueden influir en la percepción de los espacios. Las aberturas en varias superficies harán que los espacios se vean más grandes de lo que realmente son, principalmente porque permiten grandes cantidades de luz.

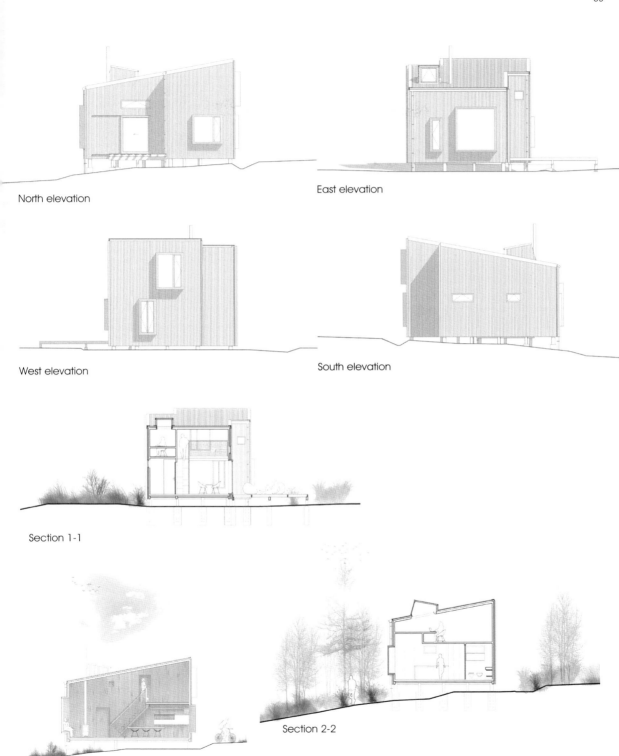

North elevation

East elevation

West elevation

South elevation

Section 1-1

Section 3-3

Section 2-2

A-FRAME RENOVATION

Jean Verville Architecte
Location: Saint Adolfe D'Howard, Canada
Photos: © Maxime Brouillet

The cottage, built in the 1960s on an enchanting site of the Laurentians, presents the characteristic form of an A-frame construction. Once the interior was demolished and the structure completely cleared from the inside, the architect exploited the triangular structural form. The monotony of a pre-established spatial organization was rejected in favor of a new layout that provides a relaxing feeling for this family retreat away from urban frenzy. These choices generated a rhythmic plan, resulting in a compact floor plan which gives the rehabilitation balance and coherence, offering much more in quality than it loses in quantity.

La cabaña, construida en los años 60 en un sitio encantador de los Laurentians, presenta la forma característica de una construcción en forma de A. Una vez que el interior fue demolido y la estructura completamente despejada desde el interior, el arquitecto explotó la forma estructural triangular. La monotonía de una organización espacial preestablecida fue rechazada a favor de una nueva disposición que proporciona una sensación de relajación para este retiro familiar situado lejos del frenesí urbano. Estas elecciones generaron un plan rítmico, resultando en una planta compacta que da equilibrio y coherencia a la rehabilitación, ofreciendo mucho más en calidad de lo que pierde en cantidad.

Lower floor plan

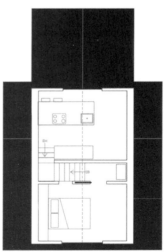

Upper floor plan

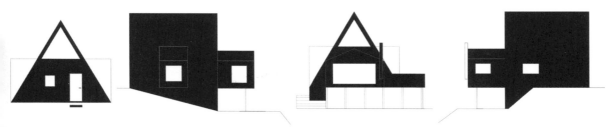

Elevations

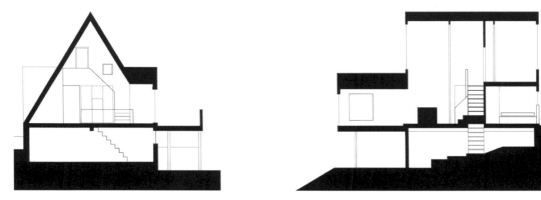

Sections

The design vocabulary of the A-Frame Renovation project follows a minimalistic approach, highlighting the emblematic A-frame form and expressing the exterior skin of the structure with a unifying color black.

El vocabulario de diseño del proyecto A-Frame Renovation sigue un enfoque minimalista, destacando la emblemática forma en A y expresando la piel exterior de la estructura con un color negro unificador.

Challenging the initial hypothesis of lack of space, the architect opted instead for subtracting floor areas in favor of a rich spatial experience. Prioritize the quality of space over square footage whenever possible, creating living spaces that are engaged with their surroundings, are adequately proportionate, and offer comfort and functionality. Larger spaces are not necessarily the answer.

Desafiando la hipótesis inicial de la falta de espacio, el arquitecto optó por restar superficie habitable en favor de una rica experiencia espacial. Priorizar la calidad del espacio sobre los metros cuadrados siempre que sea posible, creando espacios habitables que se relacionen con su entorno, que sean adecuadamente proporcionados y que ofrezcan comodidad y funcionalidad. Los espacios más grandes no son necesariamente la respuesta.

Increase the perception of space through openings on various surfaces, and through light colors which will reflect the light. Ingeniously playing with scales, Verville managed to increase the perception of visual depth by exploiting limits and openings to admirably draw part of the density of this space. The kids' playful den on the ground floor offers a storage platform under the beds and a reading corner nestled in a triangular alcove. This room, all in wood, reveals a fascinating place entirely dedicated to childish games away from the living spaces.

Aumentar la percepción del espacio a través de aberturas en varias superficies, y a través de colores claros que reflejarán la luz. Jugando ingeniosamente con las escalas, Verville consiguió aumentar la percepción de la profundidad visual explotando los límites y las aberturas para dibujar admirablemente parte de la densidad de este espacio. La guarida lúdica de los niños en la planta baja ofrece una plataforma de almacenamiento debajo de las camas y un rincón de lectura en una alcoba triangular. Esta sala, toda de madera, revela un lugar fascinante dedicado enteramente a los juegos infantiles fuera de los espacios habitables.

HOODED CABIN

Arkitektværelset
Location: Imingfjell, Telemark, Norway
Photos: © Marte Garmann

Building at high altitude has the expected pros and cons. The Hooded Cabin enjoys magnificent views, but its design and construction were guided by strict building regulations. Cabins in the area are required to have sectioned windows, standing wood paneling, 22- to 27-degree gable roofs, and triple bargeboards. But perhaps there is nothing greater than challenges to break the mold. During the design process, these challenges were turned into fuel for creative thinking, resulting in a peaceful retreat of undeniable functionality and unique aesthetics. The cabin stands out from all other constructions in the area despite the limitations, offering a striking interpretation of the typical pitched roof cabin.

La construcción a gran altura tiene los pros y los contras esperados. La cabaña Hooded Cabin goza de magníficas vistas, pero su diseño y construcción fueron guiados por estrictas normas de construcción. En esa zona, las cabañas deben tener ventanas seccionadas, paneles de madera de pie, techos a dos aguas de 22 a 27 grados y tableros de barricadas triples. Pero quizás no hay nada más grande que los desafíos para romper el molde. Durante el proceso de diseño, estos retos se convirtieron en combustible para el pensamiento creativo, resultando en una retirada pacífica de innegable funcionalidad y estética única. La cabaña destaca de todas las demás construcciones de la zona a pesar de sus limitaciones, ofreciendo una interpretación sorprendente de la típica cabaña con techo a dos aguas.

The ore pine roof tilts back to open up the front of the cabin to the views and the light while creating a protected area in front of the entry.

El techo de pino se inclina hacia atrás para abrir el frente de la cabaña a las vistas y a la luz mientras se crea un área protegida frente a la entrada.

Coastal development
is regulated to protect,
manage, and restore healthy
coastal environments for
everyone's enjoyment.

*El desarrollo costero
está regulado para
proteger, manejar y
restaurar ambientes
costeros saludables para
el disfrute de todos.*

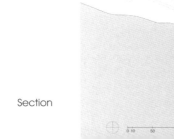

1125 m.ü.M.

Section

0 10   50   100

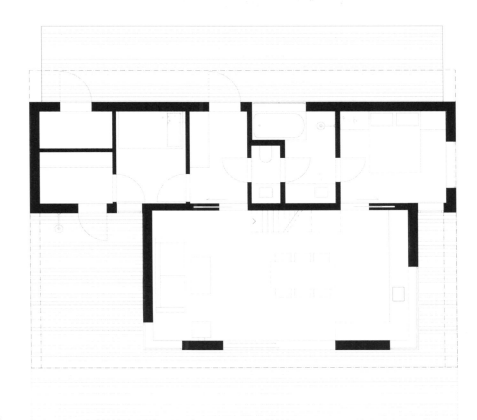

Floor plan

Good environmental stewardship contributes to the creation of unique architectural developments while protecting sensitive areas.

Una buena gestión ambiental contribuye a la creación de desarrollos arquitectónicos únicos, a la vez que protege las áreas sensibles.

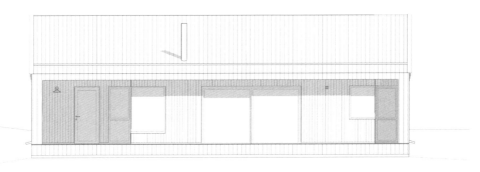

South elevation

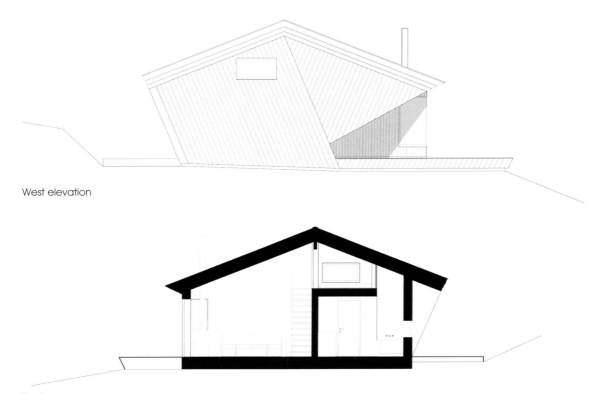

West elevation

Section

The clear-sealed ore-pine roof, sidewalls, and deck combine with the black painted front and back walls of the cabin, creating an elegant contrast. Moreover, the slanted paneling of the side walls adds to the modern appeal of the cabin's design.

El techo, las paredes laterales y la cubierta de pino de mineral transparente se combinan con las paredes delanteras y traseras de la cabaña pintadas de negro, creando un elegante contraste. Además, el revestimiento inclinado de las paredes laterales aumenta el atractivo moderno del diseño.

The panoramic windows and large sliding doors at the front bring nature into the kitchen living room. The interior features oak flooring and paneling, reflecting the natural colors of the surroundings. Other than for minimizing visual impact, the integration of a building into the landscape is about making the surrounding natural beauty part of the building's character. The use of natural materials such as wood and stone generates a look and feel that is reminiscent of the real log cabin.

Las ventanas panorámicas y las grandes puertas correderas en el frente traen la naturaleza a la sala de estar de la cocina. El interior presenta suelos y paneles de roble, que reflejan los colores naturales del entorno. Además de minimizar el impacto visual, la integración de un edificio en el paisaje consiste en hacer que la belleza natural circundante forme parte del carácter del edificio. El uso de materiales naturales como la madera y la piedra genera un aspecto que recuerda a la verdadera cabaña de troncos.

TRAILER (EQUIVALENT #2)

Invisible Studio
Location: Bath, United Kingdom
Photos: © Jim Stephenson

A self built prototype relocatable £20K house, constructed from materials sourced from construction waste and locally grown unseasoned timber. This building is designed to be able to be legally transported on a public highway and used as permanent or temporary accommodation. It has a removable wheeled 'bogey' that slides out from under the steel chassis when not being moved. The trailer was driven to site, the bogey removed, and then the bogey used to transport all of the timber frames (which were prefabricated in a workshop) to site.

Externally, the Trailer is clad in corrugated fibreglass and steel, and internally lined in used but cleaned shuttering ply. All of the joinery is from plywood offcuts, including the 2 staircases. Handrails are made from offcuts of blue rope, left over from Studio in the Woods. High levels of natural light are provided by both gable ends which are 'glazed' with high performance interlocking polycarbonate. The building is insulated with scavenged insulation, the doors were sourced from a skip, and the roof lights were 'damaged' and thus trade 'seconds'.

Un prototipo reubicable y autoconstruido de 20000£, elaborado con materiales procedentes de escombros de construcción y madera verde local. Esta cabaña está diseñada para poder transportarse legalmente por carretera estatal y utilizarse como alojamiento permanente o temporal. La vivienda incorpora un "remolque" extraíble con ruedas que se retira de debajo del marco de acero cuando la casa no está en movimiento. Se remolcó la base de la estructura hasta el lugar, se retiró el remolque, y luego éste se utilizó para transportar hasta allí todos los marcos de madera previamente fabricados en un taller.

En su parte exterior, la casa está revestida con fibra de vidrio corrugado y acero, y la parte interior va forrada con capas de encofrado reutilizadas y limpias. La carpintería, incluidas las dos escaleras, está hecha de fragmentos de madera contrachapada. En las barandillas se han aprovechado los sobrantes de la cuerda azul utilizada en Studio in the Woods, otra obra de los mismos arquitectos. Los glabetes del hastial, acristalados con policarbonato de alto rendimiento, bañan de luz natural el interior. La construcción está protegida con aislante residual, las puertas son originarias de un contenedor y los tragaluces, que estaban "dañados", se cambiaron en segundos.

The timber used is all 'same section' 125 x 50mm that made the milling much more economical, and is laminated up into structural sections for the cross frames as required. It is the first 'same section' building we have completed (the first being Ghost Barn (Equivalent #1). This method of using timber also ties in with the forest management plan for the effective use of timber in the woodland that Invisible Studio manage as a resource around their studio, and from which our own Studio (Visible Studio) was also built.

Una única sección de madera de 125 x 50 mm hace que el fresado sea mucho más económico; está laminada en secciones estructurales para los marcos transversales, según sea necesario. Es el primer edificio de "una misma sección" que hemos llevado a término. El primero en el que se comenzó con este método es Ghost Barn (Equivalent #1). Esta forma de utilizar madera también hace referencia al plan de gestión forestal para el uso eficaz de la madera en el bosque que Invisible Studio utiliza como recurso para sus obras, y a partir del cual también se construyó el propio Studio de la firma (Visible Studio).

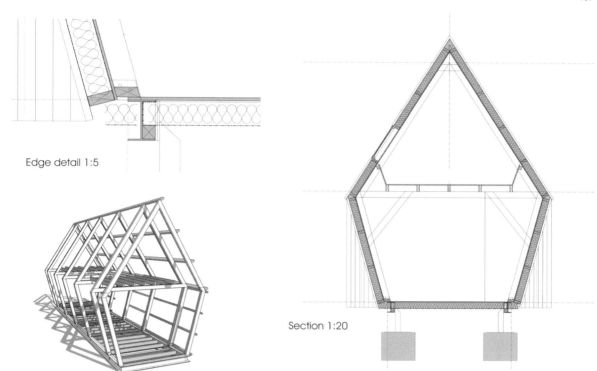

Edge detail 1:5

Section 1:20

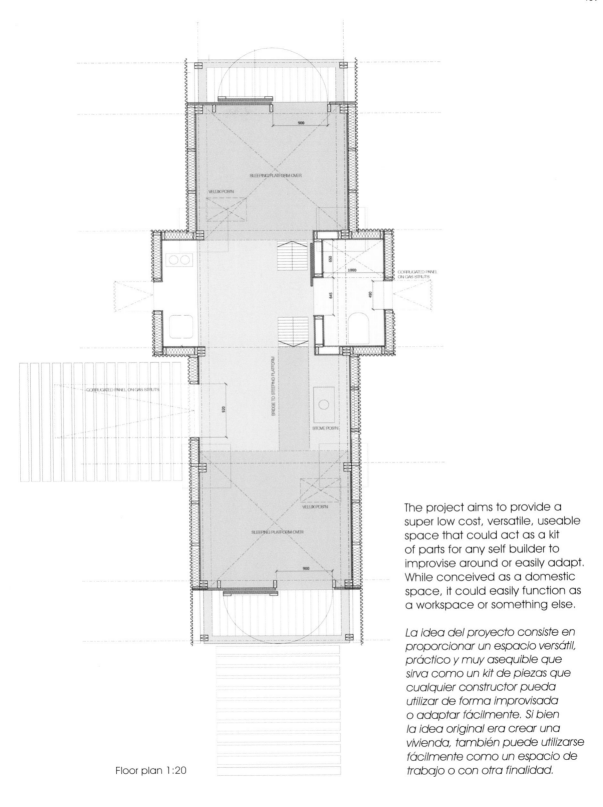

Floor plan 1:20

The project aims to provide a super low cost, versatile, useable space that could act as a kit of parts for any self builder to improvise around or easily adapt. While conceived as a domestic space, it could easily function as a workspace or something else.

La idea del proyecto consiste en proporcionar un espacio versátil, práctico y muy asequible que sirva como un kit de piezas que cualquier constructor pueda utilizar de forma improvisada o adaptar fácilmente. Si bien la idea original era crear una vivienda, también puede utilizarse fácilmente como un espacio de trabajo o con otra finalidad.

SLOW CABINS

Slow Cabins
Designed by: Xavier Leclair, Ellen Mermans, Wannes Wylin,
Michiel De Backer, Martin Mikovčák
Drawing © Martin Mikovčák
Location: Various locations in Europe
Photos: © Jonas Verhulst

Slow Cabins offers a hand-picked selection of unique mobile self-sufficient cabins to be placed at secret locations in nature close to 'home'. Both couples and families can book a cabin. As well as companies that want to organize inspiring meetings in nature. This is possible through an innovative and multifunctional system enabling a sleeping area to turn into an inspiring meeting room. The cabins can be rented, and leased or purchased through the Slow Cabins franchising network.

The cabins are manufactured from 100% wood with only qualitative and durable materials. The design is also created with as many locally produced and/or circularly designed innovations, such as smart battery systems, solar panels or dry toilets. Even the interior and accessories are upcycled from organic waste to new qualitative products like biodegradable soaps or lighting.

The cabins are fully self-sufficient, with no network connections for water, electricity or sanitary. For Slow Cabins 'off the grid' living is no romantic dream, but pure reality.

Slow Cabins ofrece una selecta variedad de cabañas móviles auto-suficientes únicas para colocar en lugares secretos en la naturaleza cerca de "casa". Tanto las parejas como las familias pueden reservar una cabaña, así como las empresas que deseen organizar reunio-nes inspiradoras en la naturaleza. Ahora, esto es posible gracias a un sistema innovador y multifuncional que permite transformar la zona de dormitorio en una agradable sala de reuniones. Las cabañas se pueden arrendar, alquilar o comprar a través de la red de franqui-cias de Slow Cabins.

Estas construcciones están fabricadas 100% con madera y materiales únicos y duraderos. El diseño también se inspira en las innovaciones de ámbito local o de economía circular, como los sistemas de baterías inteligentes, paneles solares o los sanitarios secos. Incluso el interior y los accesorios se reciclan desde residuos orgánicos hasta nuevos productos de calidad, como los jabones biodegradables o la iluminación.

Las cabañas son completamente autosuficientes, sin conexión a la red de agua, eléctrica o sanitaria. Para Slow Cabins vivir "sin conexión" no es un sueño romántico, sino la pura realidad.

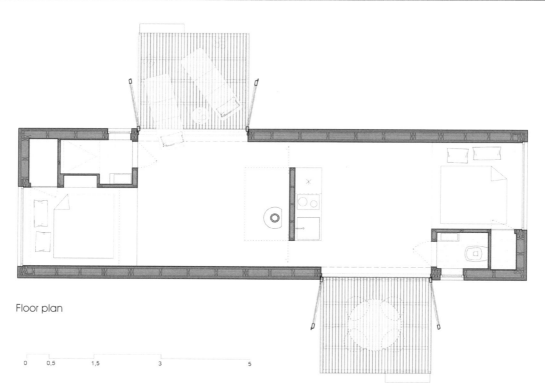

Floor plan

0   0,5   1,5   3   5

The cabins are compact, mobile and modular with attention to light, warmth and simplicity. The model has fully-glazed windows specially designed for optimal relaxation, intimacy and attention to each other, as well as contact with the natural environment. Slow Cabins intends to open new locations and models around Europe in the coming years.

Las cabañas son compactas, móviles y modulares; cuidando la luz, el carácter acogedor y la sencillez. Este modelo cuenta con ventanas totalmente acristaladas diseñadas especialmente para la relajación óptima, y para que los ocupantes disfruten de los suyos en la más absoluta privacidad y en contacto con la naturaleza. Slow Cabins tiene la intención de instalar modelos en distintas ubicaciones por toda Europa en los próximos años.

CABIN ON THE BORDER

SO? Architecture&Ideas
Location: Edirne, Turkey
Photos: © SO?

Lead Architects: Sevince Bayrak, Oral Göktaş
Design Team: Şeyma Erdal, Cansu Özay, Metincan Güzel, Gizem Aşçı, Alex Gahr, Baran Aybars, Tuğçe Selin Türk, Cemal Temel
Structural Consultant: Asmaz Timber

Structure: Structural wood
Facade: Birch Plywood and solid polycarbonate
Interior Finishing: Birch plywood
Roof: Bitumen roofing

What does the photo of the man, walking alone in an almost untouched forest to its elegantly but simply designed hut that gently sits on the soil say us? This very popular image might relate to the dream of escape from metropolis or a way to get back to nature... But more than that, that photo shows the victory of architecture, how it is able to survive even without an infrastructure that is supposed to be the main supporter of building for over a century. While this photo of the isolated house in the nature gives a clue about the triumph mentioned above, the sections of the building displays the details and how architecture overcome being without infrastructure utilizing the nature by rainwater collectors, solar panels etc. But nature is not always a collaborator of architecture. What those charming photos or intelligent sections do not show; giant mosquitoes, heavy storms, sizzling sunshine, muddy grounds are there, as well. Designing a contemporary off-grid building in nature, is not only about collecting rainwater or utilizing solar energy or locating the building according to the sun and wind; it is rather about a more direct, unequivocal way of relating with nature.

¿Qué nos sugiere la foto de un hombre caminando solo por un bosque casi virgen hacia su cabaña sencilla y elegante, que se asienta en el suelo integrándose con el entorno? Esta imagen tan recurrente nos transporta a lugares alejados de la gran ciudad y nos recuerda a una escapada a la naturaleza. Esta foto es una buena muestra de cómo la arquitectura es capaz de imponerse incluso sin una infraestructura, que se ha considerado el soporte fundamental de toda construcción durante siglos. Si bien esta foto de una casa aislada en la naturaleza nos ayuda a entender el éxito de este nuevo método, las secciones del edificio muestran los detalles y cómo la arquitectura consigue establecerse sin infraestructura alguna, recurriendo a los colectores de agua de lluvia, los paneles solares, etc. Sin embargo, la naturaleza no siempre acompaña. Esas bonitas fotos y secciones estratégicamente escogidas no muestran otros elementos que también están presentes: grandes mosquitos, fuertes tormentas, un sol abrasador o terrenos embarrados. Diseñar una casa contemporánea sin red y en plena naturaleza no solo consiste en recolectar agua de lluvia, utilizar energía solar o colocar el edificio en función del sol y el viento; en realidad, la idea es conectar directamente con la naturaleza.

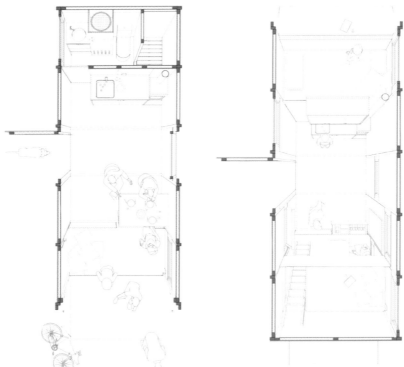

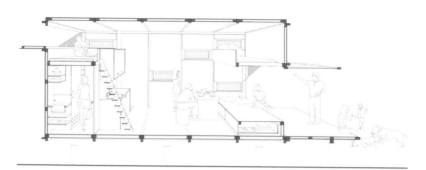

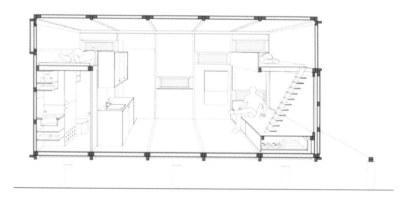

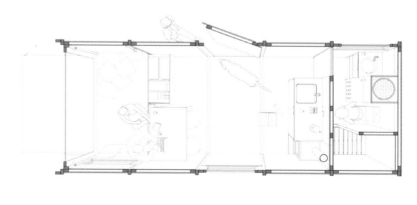

Options

Located in a village on the Turkish-Greek border, Cabin on the Border faces weather conditions that vary dramatically depending on the season. In a warm rainy afternoon, the polycarbonate window becomes a canopy to lay under and watch the sky over the plywood façade that becomes a terrace. On a stormy night, both the window and the façade is shut down, then the cabin -totally made of laminated wood structure with insulation- becomes like a sailboat in the ocean. All this happens manually, since the cabin is off-grid.

Situada en un pueblo de la frontera turco-griega, la "Cabin on the Border" se enfrenta a condiciones meteorológicas que varían drásticamente según la estación. En una cálida tarde de lluvia, la ventana de policarbonato se convierte en un dosel bajo el que uno puede tumbarse sobre la fachada de madera contrachapada, que hace las veces de terraza, y contemplar el cielo. En una noche de tormenta, tanto la ventana como la fachada se cierran para convertir esta cabaña, compuesta de una estructura de madera laminada con aislamiento, en un velero que surca el océano. Y como la cabaña no está conectada a la red, todo lo anterior se hace de forma manual.

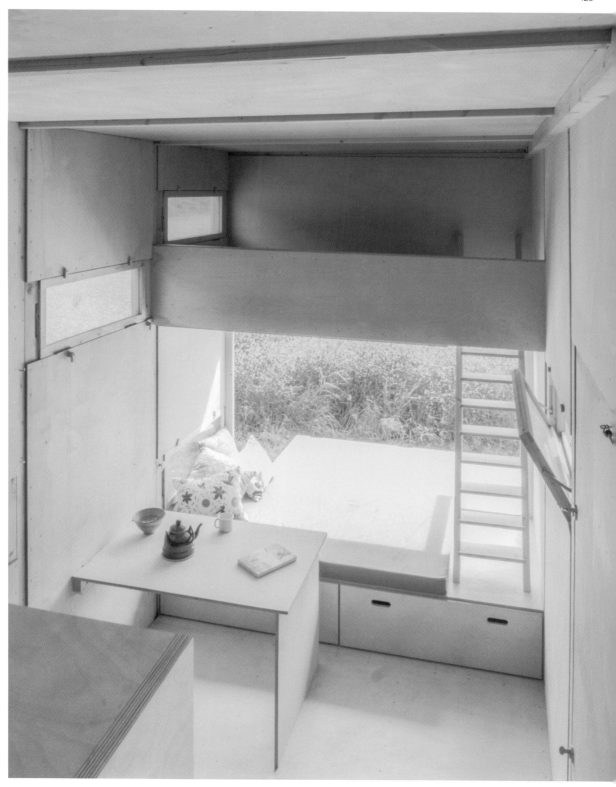

SQUISH STUDIO

Todd Saunders with Attila Béres - Saunders Architecture
Location: Fogo Island, Newfoundland, Canada
Photos: © Bent René Synnevåg

The Shorefast Foundation and the Fogo Island Arts Corporation has commissioned Todd Saunders to design a series of six artists' studios on various Fogo Island locations. The organization is committed to preserving the Islanders' traditions and aims at rejuvenating the island through the arts and culture.
The Fogo Island Squish Studio is located just outside the small town of Tilting on the eastern end of Fogo Island.

La Fundación Shorefast y la Asociación Artística de la isla canadiense de Fogo han encargado a Todd Saunders el diseño de una serie de estudios para seis artistas en diversas zonas de la isla. La organización se dedica a preservar las tradiciones de los isleños y tiene el objetivo de rejuvenecer la isla a través del arte y la cultura.
El Fogo Island Squish Studio se ubica justo a las afueras del pequeño pueblo de Tilting, en el extremo oriental de la isla de Fogo.

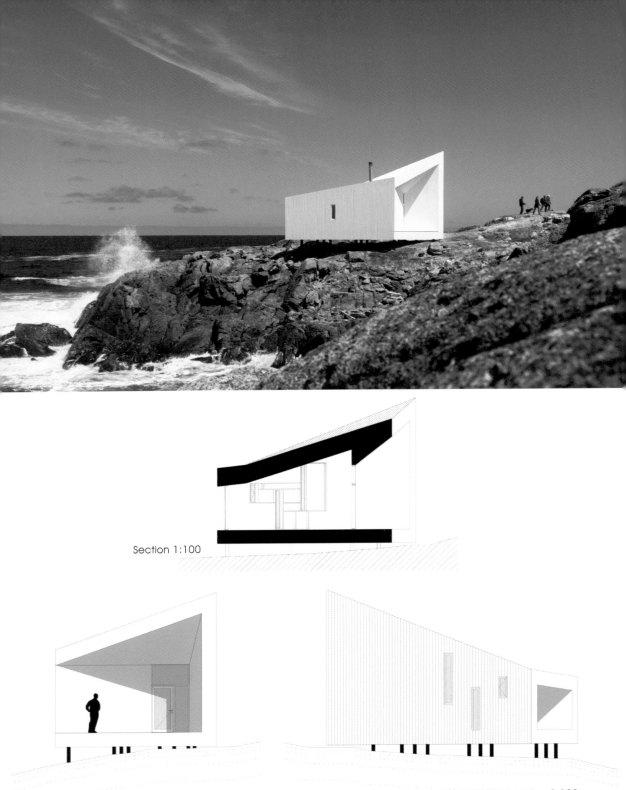

Section 1:100

South-West elevation 1:100

East elevation 1:100

0   1 m   5

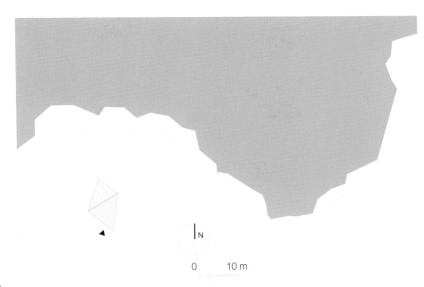

Site plan 1:500

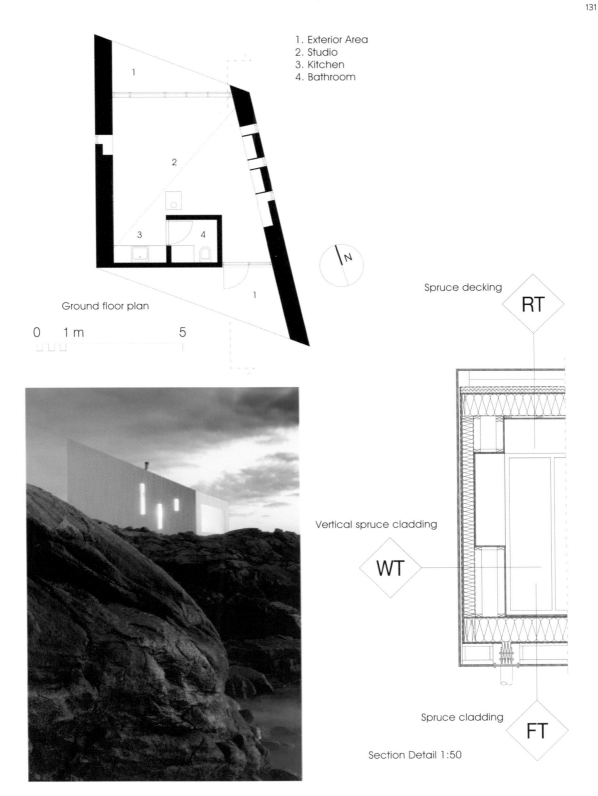

1. Exterior Area
2. Studio
3. Kitchen
4. Bathroom

N

Ground floor plan

0   1 m   5

Spruce decking

RT

Vertical spruce cladding

WT

Spruce cladding

FT

Section Detail 1:50

IRMA CABEZAS CABIN

Diego Mendoza Valenzuela
Location: Paine, Chile
Photos: © Diego Mendoza V.

The assignment was to design a peaceful home for an elderly woman who wanted to live alone in the countryside. This determined the simplicity of the design, which was resulted from a reductive process where domestic habits were streamlined to underscore the home's relationship with the landscape.

The house is located on a country plot located 60 km south of Santiago, Chile, in the municipality Paine. In this location, the house takes full advantage of the large garden and the vegetation in the area.

The layout comprises a bedroom suite, living area with kitchen and a terrace. The proportions of spaces were studied to ensure that the bedroom is more spacious than the living room.

El encargo consistió en diseñar una vivienda de reposo para una mujer de tercera edad que deseaba vivir sola en el campo. Esto determinó la simpleza del programa que fue la resultante de un proceso reduccionista donde se intentó llevar los hábitos domésticos al mínimo para enfatizar la relación con el paisaje.

La casa está situada en una parcela de agrado ubicada a 60 km al sur de Santiago, Chile, en la comuna de Paine. Esta ubicación permite que la casa aproveche la amplitud del jardín y la vegetación de la zona.

El programa consiste es un dormitorio en suite, zona de estar con cocina integrada y una terraza. Las proporciones de los recintos fueron estudiados de manera que se privilegió la amplitud del dormitorio sobre la sala.

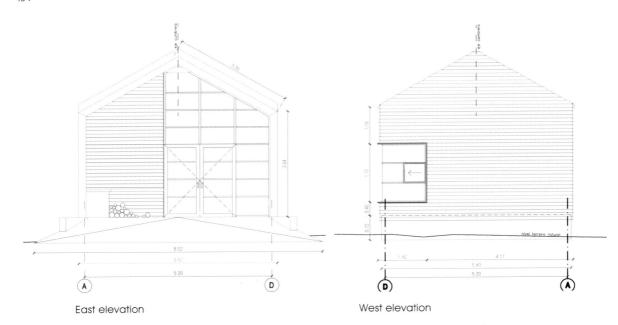

East elevation

West elevation

Roof detail

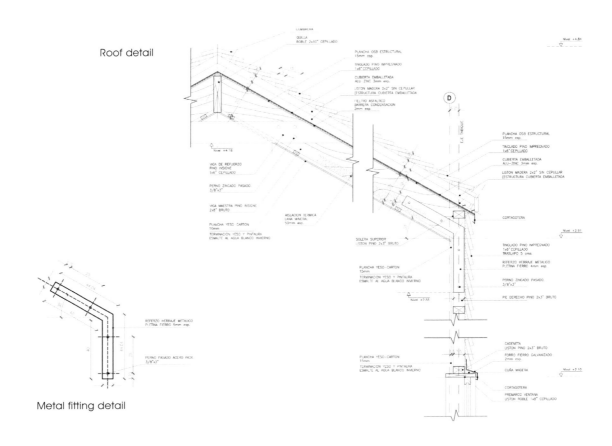

Metal fitting detail

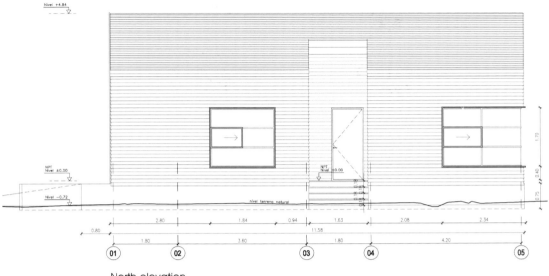

North elevation

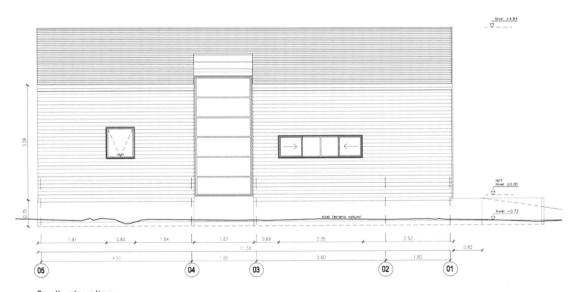

South elevation

The scale of the project is reinforced by the simplicity of a uniform rustic coating covering the entire outer walls. This in turn gives the house an air of physicality as it rests drastically and robustly on the soil. The main access is perceived as a reduction of the overall volume, leaving a central void that defines—both on the ground and top floors—the limits between the house's private and public areas.

La volumetría del proyecto apela a la simpleza de un revestimiento rústico unitario que recorre la totalidad de la superficie exterior otorgando una cualidad objetual a la casa que se apoya de manera drástica y robusta sobre el terreno. El acceso principal se entiende como una sustracción de masa al volumen general dejando un vacío central que define, tanto en planta como en elevación, el límite entre las zonas públicas y privadas de la vivienda.

138

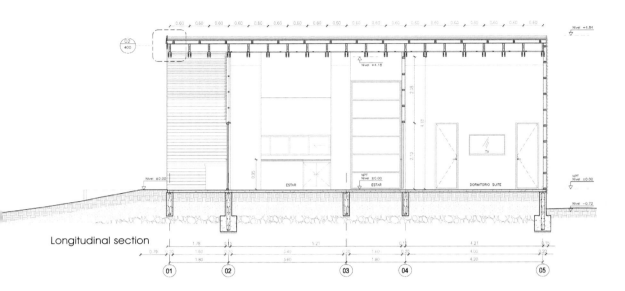

Longitudinal section

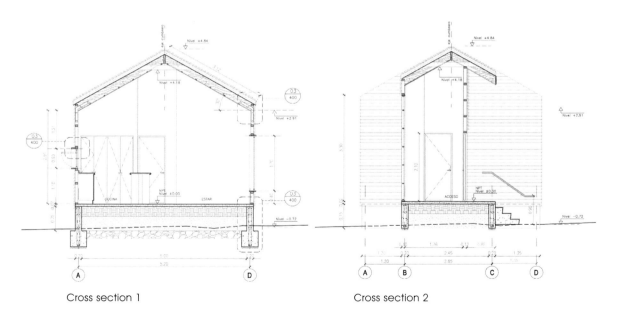

Cross section 1

Cross section 2

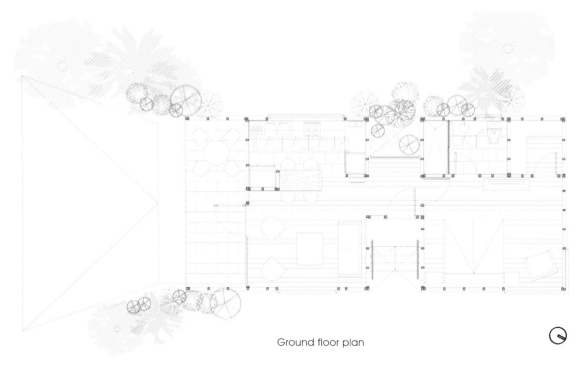

Ground floor plan

140

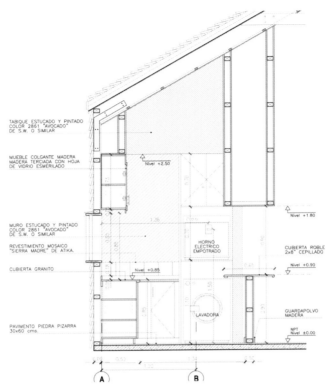

TABIQUE ESTUCADO Y PINTADO
COLOR 2861 "AVOCADO"
DE S.W. O SIMILAR

MUEBLE COLGANTE MADERA
MADERA TERCIADA CON HOJA
DE VIDRIO ESMERILADO

MURO ESTUCADO Y PINTADO
COLOR 2861 "AVOCADO"
DE S.W. O SIMILAR

REVESTIMIENTO MOSAICO
"SIERRA MADRE" DE ATIKA.

CUBIERTA GRANITO

PAVIMENTO PIEDRA PIZARRA
30x60 cms.

HORNO
ELECTRICO
EMPOTRADO

LAVADORA

CUBIERTA ROBLE
2x8" CEPILLADO

GUARDAPOLVO
MADERA

Nivel +2.50
Nivel +1.80
Nivel +0.90
Nivel +0.85
NPT Nivel ±0.00

A   B

Kitchen details

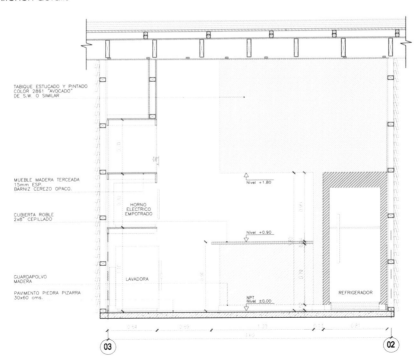

TABIQUE ESTUCADO Y PINTADO
COLOR 2861 "AVOCADO"
DE S.W. O SIMILAR

MUEBLE MADERA TERCEADA
15mm ESP.
BARNIZ CEREZO OPACO.

CUBIERTA ROBLE
2x8" CEPILLADO

GUARDAPOLVO
MADERA

PAVIMENTO PIEDRA PIZARRA
30x60 cms.

HORNO
ELECTRICO
EMPOTRADO

LAVADORA

REFRIGERADOR

Nivel +1.80
Nivel +0.90
NPT Nivel ±0.00

03   02

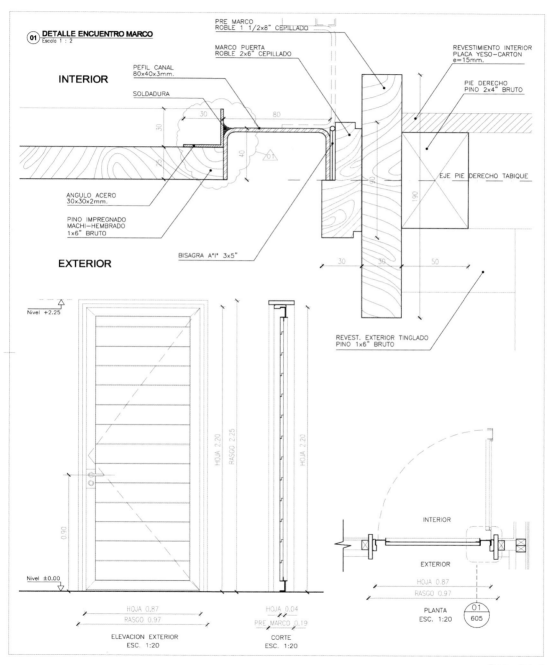

DETALLE ENCUENTRO MARCO
01 | Escala 1 : 2

PRE MARCO
ROBLE 1 1/2x8" CEPILLADO

MARCO PUERTA
ROBLE 2x6" CEPILLADO

REVESTIMIENTO INTERIOR
PLACA YESO-CARTON
e=15mm.

PEFIL CANAL
80x40x3mm.

INTERIOR

SOLDADURA

PIE DERECHO
PINO 2x4" BRUTO

EJE PIE DERECHO TABIQUE

ANGULO ACERO
30x30x2mm.

PINO IMPREGNADO
MACHI-HEMBRADO
1x6" BRUTO

BISAGRA A°I° 3x5"

EXTERIOR

REVEST. EXTERIOR TINGLADO
PINO 1x6" BRUTO

Nivel +2.25

HOJA 2.20
RASGO 2.25
HOJA 2.20

0.90

Nivel ±0.00

HOJA 0.87
RASGO 0.97

ELEVACION EXTERIOR
ESC. 1:20

HOJA 0.04
PRE MARCO 0.19

CORTE
ESC. 1:20

INTERIOR

EXTERIOR

HOJA 0.87
RASGO 0.97

PLANTA
ESC. 1:20

01
605

Door detail